Baton Twirling in My Life

バトントワリングと共に歩んだ人生の記録

SaToko

文芸社

Baton Twirling in My Life

バトントワリングと共に歩んだ人生の記録

CONTENTS

CONTENTS

空を見るのが好きな
下町生まれの少女、SaToko

私《わたし》は下町に生まれました。寺の住職である祖父と、黒の革《かわ》ジャン上下で派手《はで》にバイクを乗り回す（いわゆる）イケてる父。母は料理がじょうずな良妻賢母《りょうさいけんぼ》。私は母の作ったドジョウ汁《じる》と鯉《こい》こくが大好きでした。また母は、百貨店で私が指差しする物は無理してでも買ってくれるという、とてつもなくやさしくおしゃれな人でした。兄は頭の良い、真面目なお坊《ぼっ》ちゃま。そして私はというと、寝転《ねころ》がって窓《まど》から見える美しすぎる雲をながめるのが好きな子どもでした。悪いことをすると正座《せいざ》をさせられ、絵画、ピアノ、生け花のお稽古事《けいこごと》でいつも眠《ねむ》く、それが普通《ふつう》の生活であり普通の家族と思っていました。

今、振《ふ》り返ると、両親と暮《く》らした幸せな家族生活は、私の人生の半分もありません。母は父より20年も早く亡《な》くなり、母の告別式で私は頭がおかしくなったのかと言われるほど変なことを口走ったり、腰《こし》が立たなくなって数日間寝たきりになったりしたことを覚えています。そのとき、私にはまだ小さかった長女、主人、父、兄がそばにおり、日常生活はみんなに助けてもらったのですが、何より気持ちのうえで立ち直る助けとなったのは、1週間後に重要な仕事があり、何とかしなければと思ったことでした。あのとき仕事をしていなかったらと思うと、仕事の有り難《がた》さをつくづく感じます。

生まれるときはみんな同じでしょうが、その後の環境《かんきょう》や生き方、今をどう幸せに生きるかが問題です。早婚《そうこん》、晩婚《ばんこん》、結婚《けっこん》しないといった選択《せんたく》も関係なく、できるときにできることをやれれば、それは幸せであり、自分にとって宝《たから》であり、生きていること自体が感謝だと思います。……と、坊《ぼう》さんのような「悟《さと》り」の胸中《きょうちゅう》を説かせてもらいました。

私は今でも空を見るのが好きです。朝のジョギング時の空、仕事帰りの夜の空、とくにお星様とお月様を見るのが好きで、何気なく亡き父、母、祖父、祖母に話しかけてしまいます。

大好きな空に輝《かがや》くもの、
それが私の一つの仕事です。スタート

天に向かってバトンが上がり、ひんやり透《す》き通った空気の中、空高くに上がった数十本ものバトンが輝く。一瞬《いっしゅん》、周囲が静まり返り、演技が続く……。そんな場面を想像してみてください。——圧巻《あっかん》です。

ある行事のシーン、時報に合わせてゴジラがほえるという都会のど真ん中のユニークな場所でのステージも好きな行事です。

パレードも好きで、現役のころは吹奏楽部《すいそうがくぶ》の演奏《えんそう》に合わせ、右の沿道《えんどう》、

左の沿道と、観客の方々と視線《しせん》を合わせながら演技し、パレードを進めていく。各地で開催《かいさい》されたパレードも楽しい思い出です。

ユニークといえば、「動物園のクマが棒《ぼう》を回す」というニュースがありました。そのクマが回した棒は大きな丸太で、大人が2人がかりで運ぶほど大きく、かなりの重さです。そのクマの回す映像《えいぞう》のコメントを求められたのですが、クマのバトントワリングの技におどろきました。大きな手でしっかり丸太をにぎり、縦《たて》に左右に回し（フィギュアエイト）、手を持ち替《か》えて両手使いでじょうずに回していたのです。クマですら棒を持てば回すんだと知りました。

その棒が腕《うで》より長ければ腕にぶつかり、上に投げれば頭に落ちてくる。棒がおもちゃのように遊び道具となり、うまく操《あやつ》ることができるとおもしろくなり、さらにじょうずになり、じょうずになったらだれかに見てもらいたくなる。見てもらい褒《ほ》められると、さらに練習して、さらにじょうずになる。バトンもそうですが、スポーツとは遊びのようなところから始まったのかもしれません。

そもそもバトントワラーは、「バトン」とスポーツ応援《おうえん》で「ポンポン」を使い、時にはスポーツ競技の「チアリーダー」にもなります。そして応援のシーンだけでなく、自らが主体となり、練習の成果を発表するステージやパレード、さらには競技種目として大会で競い合うという場面も今では多く用意されています。

そんなバトントワラーとしての私自身の半生とバトントワリングについてのお話を、これからしていきましょう。

ホップ
あのときあの瞬間《しゅんかん》に出会わなければ、私は今は何をしていたのだろう。歩きだす。

バトンが日本に導入されて間もないころです。私の通っていた小学校の音楽の先生がバトン部を創設《そうせつ》され、私もかわいい衣装《いしょう》にひかれて入部しました。

先生からバトンの回し方を教わり、部員のみんなと練習を始めました。トス（投げる）交換《こうかん》の練習ではキャーキャー言いながら、上手《うま》くキャッチできるとハイタッチ、最高にうれしい気分になったものです。さらに3人、4人……と人数を増やしてトス交換・位置交換などをすると、バトンを追いかけることに集中し、飽《あ》きることがありません。とても楽しくて、何回も何回もくり返し練習していました。

こうして練習を重ねて、運動会で鼓笛《こてき》クラブと入場行進したり、学芸会で音楽部とステージで踊《おど》ったりしていました。

発表のときは、白のベレー帽《ぼう》をかぶり、白のプリーツスカートをはいて、バトンとポンポンの演技をしました。ポンポンは、ビニールテープを机《つくえ》の端《はし》に巻《ま》きつけて真ん中をしばり、両端を切って作ります。

ある日、体育館で、だれだったか覚えていないのですが、手品のようなバトンの妙技《みょうぎ》を見せてくれました。それまでに私は、そこそこバトンを回せるようになっていましたが、バトンは上にしか円を描《えが》けないと思っていました。ところが、その人の技では、下にも円を描けたのです。なぜバトンが上と下に円を描けるのか、とっても不思議に思いました。

その技は、かなりたってから「ライトハンド・フラットリバースエイト」だとわかりましたが、当時の私はそば屋さんの出前を連想していました。右手の手のひらに「おぼんとそばの器」をのせて、自転車をこいで運び、到着後《とうちゃくご》、「お待ち！」と言ってそばがこぼれないように手のひらを上に向けたまま器用にひっくり返して、「どうぞ！」とわたしてくれる、そんな想像ができる技だったのです。私は「オテモヤーン」と勝手に名づけました。

ちょうどそのころ、１９６４年の東京オリンピックが開催《かいさい》され、オリンピックにバトン種目があればいいのになと思いながら、テレビを見ていました。私は「バトントワリングがオリンピック種目になるには、どうしたらいいのか」と、そのころからその解答《かいとう》を探《さが》していたのかもしれません。

小学校を卒業した後も、バトンクラブだったメンバーが集まって、音楽の先生がチームを作ってくださいました。そのおかげで、私は高校2年までバトンのサークル活動をしていました。

高校生になると児童館や小学校から依頼《いらい》され、バトンの指導《しどう》に行ったこともありました。

私は中高一貫校《ちゅうこういっかんこう》の女子校に入学し、「おさげ髪《がみ》」の「良妻賢母《りょうさいけんぼ》」を育てるような道徳にきびしい学校で過ごしました。しかし今考えると、私が過ごしたこの時期は、両親の時代の「男尊女卑《だんそんじょひ》」から、「自ら考え、独り立ちできる女性」「強い意志を持つ女性」の生き方を学ぶ過渡期《かとき》だったと思います。その中で得た「高いレベルの相手を望むなら、自分も相応のレベルにならないと出会えない」という言葉。これは私にとり、考え方の基礎《きそ》となりました。

高いレベルとは、机上《きじょう》の学びだけではありません。日々行動し、その中で失敗をしても、それをチャンスととらえる。たとえどん底に落ちたとしても、そこからはい上がる方法を考え、学びを得る。こうして、たくさんの行動と失敗の経験から出会った相手とは、楽しい会話もでき、しだいに仲間も増えて、さらに濃《こ》い話題に進み、生活におもしろさが増す。高いレベルとは、そうした流れの末に到達《とうたつ》できるものであり、そうした流れの中で出会った相手なのではないかと思えます。私自身、たとえ苦境に立たされたときでも問題と真摯《しんし》に向き合い、一人でも応援《おうえん》してくれる仲間がいれば進めるようになりました。

今思うと、中高生時代は社会から切りはなされた「ぬるい世界」にどっぷりつかっていたときでした。しかし社会は不安定な状況《じょうきょう》で、バトントワリング発祥《はっしょう》の地であるアメリカでは、ベトナム戦争に対する反戦運動、公民権《こうみんけん》運動が盛《も》り上がり、日本では1969年に東大安田講堂事件、1972年にはあさま山荘《さんそう》事件が起こります。これらを報道で知って、同じ年代の若者《わかもの》が何か強い意志をもって行動していること、それが善《よ》かれ悪《あ》しかれ同世代の「声」を表していると感じました。

「この場に自分がいたら」

「その場に身を置く覚悟《かくご》はいかばかりか」

生と死のはざまで闘《たたか》っている若者の姿《すがた》を、連日テレビで見て衝撃《しょうげき》を受けました。そんな大きな社会の変化の中で、今の平和な生活がこのまま永遠に続くと考えていた自分のおろかさに気がつきました。

考えてみれば、両親の青春は大戦中で、疎開《そかい》生活や食べ物のない時代だったはず。数年後に私たちが生まれ、戦争を知らない子ども世代として先人に守られてきたということは、有《あ》り難《がた》いとともに現実をしっかり見つめていかねばと強く感じました。

また、社会の中で自分がどう生きていったら良いのかをよく考えるようになりました。そして、このままエレベーター式に短大に進んで良いのか疑問を感じたため、1年浪人《ろうにん》して、W大学の社会科学部を受験しました。

すると、入試の試験場であった大教室に、女子は私一人しかいません。合格はしたのですが、6年間、女子校でぬるい生活をしてきた私にとって、男子ばかりの社会科学部に背伸《せの》びして入学しても、ついていけないのではないかと思いました。報道のうわべの現象しか知らない私が、真剣《しんけん》に社会科学に向き合っていけるわけがないと思ったのです。私は考えをあらためてM大学文学部を受験し、合格することができました。小さいころから本は好きで、岩波古典文学大系《いわなみこてんぶんがくたいけい》に囲まれて過ごしていたので、苦手《にがて》ではない分野に進むことになりました。

ただ、入学してしばらくの間も、大学構内ではゲバ棒《ぼう》を持ちヘルメットをかぶった学生運動が続いていました。

メディアでも注目された六大学応援団《おうえんだん》
〝応援〟の力を信じて、走りだす。ステップ

大学に入学しても女子は少なく、クラブ活動選びも難《むずか》しく、バトン部なら私《わたし》にもできるかなと考えていましたが、募集《ぼしゅう》はしていませんでした。

以前は応援団にあったらしいのですが、その方々も卒業し、今はバトン部の募集はしていないとのことでした。

そこで、応援団のブースで直談判《じかだんぱん》したのです。「復活しましょう」と、勝手なことを言って、入部届《とどけ》を受け取ってもらいました。

そのときいっしょに門をたたいたのが、マンガでしか見たことがなかった「いかにも応援団」という風貌《ふうぼう》の、ひどく大柄《おおがら》な男子でした。丸刈《まるが》り頭、腰《こし》に手ぬぐい、しわくちゃなワイシャツにヨレヨレ黒ズボン、裸足《はだし》に下駄《げた》履《ば》きでカランカランと音を立てて歩き、ガラガラ声でしかも大声、これぞ「本物の応援団！」でした。それからこの友と4年間いっしょに活動することになったのです。

私自身、新1年生でしたが、バトン新入団員を募集し、2人入部してくれてチームができました。2人ともバトンをやったことがなかったので、いっしょに練習しながら、そのころ流行《はや》っていた〝花の中三トリオ〟やピンク・レディーの曲を踊《おど》っていました。屋内で練習している吹《すい》奏楽部《そうがくぶ》の演奏に合わせて、私たちは外で音合わせをするというものでした。

大学の行事の際の衣装《いしょう》は、手作りのミニのワンピースか、ミニスカートにトレーナー、ステージでは総スパンコールのレオタードなどでした。

私たちが4年制の学生であることで、入団してしばらくして正式にバトン部が応援団の一つとして認《みと》められ、リーダー部・吹奏楽部・バトントワリング部の3つの部で構成されることになりました。

ちなみにリーダー部の3年生以下は丸坊主《まるぼうず》ですが、4年生の幹部になるとバンカラな長ランを着ています。ハイカラーで、上着の裏地《うらじ》には金糸銀糸の刺《し》しゅうで思い思いの「志」が縫《ぬ》いこまれていました。学校行事には羽織袴姿《はおりばかますがた》で、髪《かみ》はリーゼントに固めて「いなせな男気のある学生」の姿がリーダー部です。吹奏楽部は「音楽の好きなおぼっちゃま風」の学生で、幹部になると長ラン・ハイカラーに変身します。私たちバトン部は、衣装以外の正装《せいそう》は黒スーツに白ブラウスでした。

私たちの大学バトン部の結成が衝撃的《しょうげきてき》だったのか、他大学の応援団の監督《かんとく》からもバトン部結成の手伝いを頼《たの》まれ、他大学の入団募集のデモンストレーションや、入部してきた団員へのバトンの練習を依頼《いらい》されたこともありました。

六大学でも野球の応援は男子中心でしたが、バトン部が少しずつ結成され、ついに応援団の華《はな》の舞台《ぶたい》「リーダー台」でバトン部が踊ることになりました。しかし、当時の野球部の監督は「バトンのメンバーがリーダー台に立つことは、選手の集中力を欠くからだめだ。応援団なんてものは、地味に、地味にもっていくべき」と言っておられたようで、バトン部はまったく歓迎《かんげい》されていなかったと後々お聞きし、おどろいた次第です。

やがて応援歌にも変化が出てきました。「ウラララウララ」のフレーズが印象的で、今では高校野球でも聞かれる「狙《ねら》いうち」。これは吹奏楽部の4年生の方が編曲してくださったもので、六大学野球で華やかに発表されました。

野球の応援に、リーダーと吹奏楽部とバトン部の基本形ができたのはこのときだと思います。

しだいに六大学全部にバトン部ができ、吹奏楽部にも少しずつ女子も増えました。大学の応援団を目指して入学する学生も増え、応援団の団員数も増加。応援に来てくれる学生も増えていき、応援席からの各大学の校歌や応援歌がはるか遠くまで聞こえるほどでした。

国鉄（当時）信濃町《しなのまち》駅から神宮球場に向かうと、応援団の太鼓《たいこ》の音や、吹奏楽部の音楽が聞こえてきます。応援の声がしだいに大きくなり、他大学の応援団やたくさんの学生とすれちがい、街中が応援合戦になっているようでした。その中を、私は心躍《おど》る思いで神宮球場に通っていたものです。

また、バトン部が応援団に誕生《たんじょう》したことで、六大学応援団自体がメディアに取り上げられる場面が多くなりました。民放のクイズ番組「ベルトクイズQ＆Q」では、「六大学応援団大会」という特集が組まれ、我が応援団が賞金１００万円を見事獲得《かくとく》したこともありました。

「応援の力」を感じたのは、野球の試合がピンチになった時です。学生席は重苦しい雰囲気《ふんいき》で一瞬《いっしゅん》静まり返りますが、応援団リーダー部は身体を翻《ひるがえ》し、学生たちに「元気でー」と激励《げきれい》のコールをし、演奏をうながします。そうして球場を奮《ふる》い立たせ、重い空気を一変。学生を一つにまとめて、チャンスが来るよう学生たちを試合に集中させる。リーダーにはすごい力があるなと感じました。チャンスのときはチャンスを逃《のが》さないように、さらにチャンスを招くように高らかに歌い、大きく左右に身体を揺《ゆ》らし、点が入るまで声を出しつづけ、球場を一体化させる迫力《はくりょく》を感じました。

応援団員は、指示を出す上級生、指示を受ける下級生に分かれています。上級生からの指示は絶対であり、下級生は指示にしたがう。「質実《しつじつ》剛健《ごうけん》」をモットーとして私も4年間この精神をたたきこまれました。

試合中は学生の応援を引き出すためにひたすら球場スタンドを駆《か》けまわり、声を出し、手拍子《てびょうし》をし、試合を勝ちにもっていけるのではないかと思えるほどの熱意で、汗《あせ》をぬぐうこともなく応援する。それがリーダー部における応援団でした。そんな応援団の姿《すがた》を見るために球場に集まり、校歌をみんなで高らかに歌う学生もいたほどでした。ですから、そんな場面を作ることが応援団の使命ではないかと思います。

今思うと、バトン部とリーダー部は、試合中は観客席にいる学生に相《あい》対《たい》しているので、正面から試合を見ることはできません。では、どうやって試合の流れに沿《そ》った応援ができたのか？　じつは、スタンドの頂《ちょう》上《じょう》に試合の伝達をするリーダーがいて、その指示にしたがい「鏡」の応援をしていたのです。野球選手からは私たちの背中《せなか》しか見えません。私も、今では有名な野球解説者である方の現役時代の姿を、実際には見たことはなかったのです。

あるとき、私のところに「日米シルクボール」というアメリカンフットボールの試合の応援イベント、いわゆる「チアリーダー」をしてくれないかと依頼《いらい》がきました。

野球の9回の試合の中での応援活動の経験しかなく、ハーフタイムならバトンで演技できるのですが、「チアリーダー」となると「コール」の内容とタイミングが重要です。そもそも広い競技場に下りて、試合の流れに沿ってコールを入れながら演技しなくてはなりません。

依頼者からは「飛んだり跳《は》ねたり声を出して応援してくれればいいよ」と言われただけでしたが、私たちはアメリカンフットボールのルールを一から覚え、本場のチアリーダーの映像《えいぞう》を見て、ひたすら学びました。

そして、いよいよ本番です。やはり、真横から競技の流れを見るので、試合がどうなっているかがわかりません。観客の反応で判断し、チームメンバーに合図を送って演技するという、わからないなりに一生懸命《いっしょうけんめい》やって無事に何とか終えることができました。

バトンが導入されてからかなりたったこのとき、ようやく日本に「チアリーダー」が誕生し、応援活動の新たなステージに入ったのではないかと思います。

その本番で着用した衣装は、白地のトレーナーでした。正面に赤字で「All　JAPAN」のロゴが入り、背中にアメフトの青のヘルメットが大きく刺しゅうされたもので、今でも私の宝物《たからもの》になっています。

最終学年になると、全国の大学にバトン部ができていました。私は東の大学バトン連盟《れんめい》を束ねる委員長となっており、関西の連盟と交流を図り、東西でバトン部を盛り上げる大役を務めていました。

この頃、バトンが盛り上がったのは、時代の変化が関係していると思います。戦後の平和な時代に生まれ育ち、短期大学なり四年制大学なり、大学に進学する女子が少しずつ増え、政治でも女性弁士が活躍《かつやく》する世の中になっていました。また、ミニスカートの流行により、バトンの衣装に違和感がなくなったこと、さらに当時大人気だったピンク・レディーの楽曲が応援曲としても盛り上がり、女子の観戦者が増えたことも大きいでしょう。日本中の大学、高校とこの流れで盛り上がったと思います。

その一方で、私にとっては卒論《そつろん》をまとめる大事な年でもありました。以前から取り組みたいと思っていた「現代の言葉と狂言《きょうげん》」の論旨《ろんし》は、ゼミの教授が意外だったらしいのですが、助言をいただきながら1年がかりで無事に書きあげることができました。

就職《しゅうしょく》をする気は少しはあったのですが、それよりも卒業できるかが問題で、会社訪問《ほうもん》などの就職活動はまったくしていませんでした。卒業間際に、ゼミの教授が経営学部研究室で助手補《じょしゅほ》を探《さが》しているから受けたらどうかと声をかけてくださり、そのまま大学研究室に就職させていただきました。

研究室では、学部の教授方のお手伝い、資料整理、外国人学生の日本語の手助けをして、埼玉県に嫁《とつ》ぐまで勤《つと》めました。当時の女性の就職は「腰掛《こしかけ》三年」といわれ、寿退社《ことぶきたいしゃ》が多かったと思いますが、私もそのとおりの退社となってしまいました。

当時、同期の応援団の男子から「ＳａＴｏｋｏは俺《おれ》たちより応援団だな」と言われ、「そうだよ。質・実・剛・健！」とお気に入りの言葉で返したものです。そして、中学高校時代の「良《りょう》・妻《さい》・賢《けん》・母《ぼ》」に加え、「母はつよし！」も私の生き方の合言葉となったのです。

子どものバトンサークル活動開始！
教材の出版、組織《そしき》づくりへ

結婚《けっこん》してみると、主人は朝早く出勤《しゅっきん》して夜中まで帰ってこない、いわゆる「24時間戦えますか」が流行した時代の企業戦士でした。いつも主人が不在だったので、私《わたし》は自由に時間が使える生活を送っていました。近所のお子さんの家庭教師をしたり、また姑《しゅうとめ》がバトンのサークルを作れるようにと会場を借りてくれたので、バトンサークルで指導をしたりしていました。

子どもたちのバトンサークル活動を始めてみると、小学校の先生から、

「バトンクラブの指導をしているが、バトンを教えてくれないか」と依《い》頼《らい》されるようになりました。引き受けたところ、その先生の数が少しずつ増えていき、結局、小学校バトン部の先生への講習会を定期的に開くことになってしまいました。

指導するのは問題ないのです。が、学校の先生に指導させていただくには、きちんとした内容の練習プログラムを組み立てないといけないと思い、そこにいたる技術の配列の理由が説明できる構成にした、練習カリキュラムを作らなければならないと考えました。しかし、当時の日本にはそういった教則本はありません。

そこで役に立ったのが、応援団《おうえんだん》時代に後輩《こうはい》が持っていた英語のバトンの技術書です。それは、「私はこの本を将来《しょうらい》絶対に役に立てるから譲《ゆず》ってくれないか」と無理を言って譲っていただいた『The complete book of baton』でした。251ページにわたって、かなり細かい英語の文字でびっしり書かれているもので、トワリングの技術の説明、ソロバトン、ツーバトンなど初級からハイレベルの技術と、練習方法と組み合わせ例、チームバトン・ドリルコープの練習例などのほか、世界的なバトントワリングの組織、USTAの審査《しんさ》用紙も掲載《けいさい》されていました。この審査用紙から、バトントワリングでは何に重点を置いて審査がされるかが推察《すいさつ》できます。時間はあるので、このすぐれた書物をじっくり読み、技術を拾い出し、並《なら》べるところからスタートしました。

並べてみると、ページ数の関係でしょうか、途中式《とちゅうしき》のない技術レベルの「縦《たて》の線」は見えるものの、個々のプレーヤーに合った「横の線」

が見えません。そこで、縦と横ができるような教材を作ることにしました。

縦の線は、ある一定の規則性から並べられるので、規則性をつけることにしました。この規則性をもった技術の振《ふ》り分けで重視《じゅうし》したのは、「Aは回転が前に進むのが基本」「,Aは後ろ向きに進むのが応用」「Bは身体の内側から入るのが基本」「,Bは身体の外側から入るので応用」と、一つ一つの技術を整理していく点です。そうすると、不思議とすべての技術に共通した体系《たいけい》が見えてきました。

次に、横線です。私は身体づくりを一つめの横線としました。今日初めてバトンを持つトワラーでも、熟練《じゅくれん》したトワラーでも、バトンをただ回すのでは身体に支障《ししょう》をきたしてしまいます。さらに上の技術に進むためには、筋肉《きんにく》と体力をつける身体づくりが必要不可欠なのです。

そして、バトンを手でにぎって回すのを2つめの横線、バトンをにぎらないでバトンを操《あやつ》るのを3つめの横線とし、技術をつないだルーティーンを8×8のカウントでまとめるのを4つめの横線と決めました。

こうして、初級から上級まで、縦の線を5段階《だんかい》、横の線を4つで構成して、やっと指導者のためのバトンの指導書が完成しました。


次に、リズム感とバトンの技術を使い、踊《おど》る力を養うためにポンポンのルーティーンをまとめました。大学時代にたくさんのルーティーンを応援歌に合わせて作っていたので、手慣れたことではありました。

まず基本動作として、ポンポンを上下・左右・天地・前後に振り分けます。ここに、ステップ・ジャンプ・ターン・キックを組み合わせ、手足・上体・顔・頭・視線《しせん》を加えて、さらに童謡《どうよう》に合わせて歌いながら覚えられるように工夫しました。

「むすんでひらいて」「おもちゃのチャチャチャ」など5曲を使って作りましたが、童謡というなじみのある歌のおかげで、幼児《ようじ》も大人《おとな》も演技のタイミングと流れがつかみやすく、簡単《かんたん》に覚えることができます。いっしょに練習しなくてもみんなが同じように踊れるようになり、「いつも演技と童謡が頭からはなれないようになった」と言われるくらいのものにでき上がりました。

運動会用のパレードの振り付け、音楽会でのステージ用の振り付け、校庭で行うときのラインとブロックのフォーメーション、この3つを基本として、先生たちが自分たちで応用できるように作りました。先生に学校に持ち帰っていただき、試してもらいながら、ようやくバトントワリングとポンポンの材料がそろいました。

一方、子どもたちのサークル活動も口コミで広がっていきました。練習に参加する子どもたちが増えたため、バトンをいっしょにやってきた友達に手伝ってもらい、指導にあたりました。

私は、バトンを上達させるためには、はじめから2本のバトンを与《あた》えるとよいと考えています。両手でバトンを同じように回すことで、左右の回し方をいっしょに覚えられるため、練習時間が短くなり、倍の効果が得られます。

また、トワラーは一人一人がしっかりと基本を練習することが大事。それが2人の練習、チームの練習へとつながっていきます。技術の練習は地味でもコツコツとがんばりましょう。ちなみに私は子どものころ、自分なりに練習を楽しくする工夫として、技にかわいい名前をつけたり想像したりしていました。たとえば、「フラットリスト」の場合、「水平回し」→「2枚《まい》のホットケーキ回し」と、ホットケーキを想像しながら回すと練習が楽しくなってきます。

さて、お話をもどして、サークルの子どもたちのレベルがだんだん上がっていき、次は発表の場へと進みました。姑が、地域《ちいき》の交通安全パレードに参加できるよう段取《だんど》りをつけてくれたのです。そのときに団体名が必要になり、1982年に「バトン普及会《ふきゅう》」という名をつけ、活動を外に向けて始めました。

地域の交通安全パレードが無事に終わり、次の発表の場を探していたところ、千葉県に開園するという「東京ディズニーランド」で、演技の披露《ひろう》ができる一般《いっぱん》団体を募集《ぼしゅう》していると知り、さっそく応募することにしました。練習の甲斐《かい》あって、オーディションに見事合格し、1983年、会のメンバーは「アドベンチャーランドステージ」に出演することができました。1回目のステージには私自身も参加。恥《は》ずかしながら、20代でソロを気持ちよく踊《おど》らせていただきました。

お土産《みやげ》に、出演者全員にオリジナルシールと入園券《けん》をいただき、私には記念品としてステージ横に飾《かざ》ってあった団体名の入った大きな「プレ

ート（看板《かんばん》）」と「ミュージック　フェスティバル　プログラム198
3」と記載《きさい》されている大きな「ミッキーのオリジナルトロフィー」をい
ただきました。

このディズニーランドのステージには、それ以降《いこう》4回出演させていた
だきました。

翌年《よくねん》の1984年に、幼児《ようじ》教育の会社の社長さんから「関西で幼稚園《ようちえん》
の園長さんの全国大会があるので、バトンの披露をしてくれないか」と
のお話をいただきました。そのご縁《えん》で、今まで湿式《しっしき》コピーで印刷してい
た教材を本にして出版していただけることとなったのです。

プロのイラストレーターさんは、バトンの技術一つ一つをていねいに

理解して描《か》いてくださいました。左右の手の動き、足の動きに合わせて、身体の向き、重心なども正確に忠実《ちゅうじつ》に描かれており、イラストレーターとはすごいお仕事だと感動しました。

こうして本屋さんで買える『バトントワリング』を遊戯社《ゆうぎしゃ》から出版することができました。この本は10年後には完売してしまい、以降、完売になると作り変え、結局3回版を重ねました。2版目からは自費出版ですが、バトンの本が市場に出ていることが大事だと思っています。

翌年の1985年には、「つくば万博《ばんぱく》」に参加することができました。埼玉県にある小さな団体が国の大きな行事に参加できたということは、私にとり、バトントワリングを日本に知らしめる第一歩でした。

その後、2010年に開催《かいさい》された「上海万博《しゃんはい》」にも参加したのですが、その3年前から、万博の関連行事にバトンチームが参加できるように2度の訪中《ほうちゅう》をしました。

当時、中国では「バトントワリング」はまったく知られていません。それがどういうものなのか、説明するのも難《むずか》しい時代です。そのころ、中国の小学校で講習会を開き交流をしたのがきっかけで、杭州《こうしゅう》市からの「日中交流事業」の一環《いっかん》として招聘《しょうへい》を受けられるようになりました。そこで、日本のバトントワラーを連れていき「上海万博」関連の交流事業の中で演技をさせていただきました。バトンの普及《ふきゅう》に一役を担《にな》えたのではないかと考えると同時に、今でも関係者の皆様には感謝しています。

行政の支援を受けて、1987年より「バトンフェスティバル」を開催《かいさい》

つくば万博《ばんぱく》の後、バトン愛好者《あいこうしゃ》ならだれでも参加できる発表の場ができればと考えました。

発表の場を設《もう》けるのは、会場費を払《はら》い、開催の準備をすればよいので、そう難《むずか》しくはありません。ですが、参加を募《つの》るにはどうしたらよいか、参加する側の保護者・学校側が安心して参加できるようにするにはどうしたらよいか。それには行政からの支援《しえん》を受けられれば、参加者や保護者に安心感をあたえられるのではないか、と考えました。そのためには

後援名義《こうえんめいぎ》を取得できるよう、しっかりした開催要項《ようこう》を作り、予算を立て、申請《しんせい》書を作り、承認《しょうにん》を受ける必要があります。私《わたし》はさっそくすべての書類を整えて申請し、無事に承認され、1987年に第1回「みんなで作るバトンフェスティバル」を開催することができました。

フェスティバルの開催にあたり、一つの企画《きかく》をしました。それは「バトンミュージカル」です。だれでも知っている「物語」を、1時間のバトンミュージカル、それも100名ものトワラーで踊《おど》る大規模《だいきぼ》な長編に仕上げて、見ごたえのあるものにしたのです。そうしたら、観客も演技者も楽しんでいただけるのではないかと考え、第1回は「バトンミュージカル〝シンデレラ〟」を作りました。

このバトンミュージカルは毎年行いました。第33回を迎《むか》えた2019年には、内閣官房《ないかくかんぼう》東京オリンピック競技大会・東京パラリンピック競技大会推進《すいしん》本部事務局長より「beyond2020プログラム」として、「ミュージカル『アラジン』を『バトントワリング』で表現する」で認証《にんしょう》をいただきました。なお、このバトンフェスティバルは、第1回から開催地の足立区、第3回からは東京都、第4回からは毎日新聞社様から毎年ご後援をいただくことができ、2021年に記念すべき第35回を開催させていただきました。

発表の場が1年に1回必ずあると、子どもたちはやりがいを感じ、さらに練習に励《はげ》みます。しかし、一つのレベルの中でも人数が増えると、その中でだれがステージのセンターに立ち、だれがパレードの先頭を行くか、フェスティバルのミュージカルでの主役はだれが務めるか、などを決めることが難しくなり、子どもたちにとっても楽しいだけではなくなってしまいます。そうした雰囲気《ふんいき》が、指導者にとっても悩《なや》みの種となってきました。

本場アメリカから審査員《しんさいん》を招いて競技大会のスタート！　ジャンプ

パレードやステージ演技でのセンターを決める。それだけのことですが、「競技大会を開催《かいさい》し、優劣《ゆうれつ》を決めるしかない」と考えました。みんながら納得《なっとく》するためにも競技大会を開く必要があったのです。

大会を開催するには、きちんとした公平な審査員が必要。そのためにはバトンの本場アメリカから審査員を招かなければ……、招くにはどうしたら良いか、その費用はどこから捻出《ねんしゅつ》するのか、など考えながらサークルの指導をしていました。

小さな団体の先頭、センターを決めるためだけに、海の向こうのアメリカからいきなり審査員を招くのかと、周りの人はおどろいていたらしいです。

「みんなで作るバトンフェスティバル」の初回から2年がたち、競技大会についての答えが出てきました。

知人の紹介《しょうかい》でアメリカから審査員《しんさいん》を招聘《しょうへい》するにあたり、ラッキーな出会いに恵《めぐ》まれ、アメリカでの受賞歴のあるトワラー1名を1989年に日本へ招くことができました。

そこでバトンの愛好者ならだれでも参加できる「日米バトン合宿&講習会」を開き、公平にバトンが学べる機会を作りました。バトン本場のバトントワリングの演技に触《ふ》れ、ポンポンのトップクラスの動きを学ぶことができました。

翌年《よくねん》の1990年には、米国から本格的に審査員2名を招き「第1回青少年バトントワリングコンテスト'90　日米交流バトン講習会」を開催しました。この時に招聘した方は「NBTA協会」の審査員であり指導者です。NBTAは学校バトン部の指導を中心に活動しており、世界にいくつかある組織の中でももっとも大きな協会です。私《わたし》たちの〝バトンの楽しさを伝える活動〟に共感してくれ、「その活動の先にバトントワリングの競技があり、競技が主体の団体ではない」という私たちの趣旨《しゅし》に賛同していただいたのでした。

1993年の「第4回青少年バトントワリング選手権《せんしゅけん》大会&講習会」には、アメリカ大使館より後援《こうえん》をいただきました。第5回にはアメリカのNBTA協会から正式に認可された「第5回NBTAインターナショナルジャパン・バトン選手権大会&日米交流バトン講習会」として開催。日本のNBTA協会の支部として私たちの団体は承認《しょうにん》され、私は日本で唯一《ゆいいつ》のNBTA協会日本での審査員として認定《にんてい》されました。

第8回から第13回までは、笹川スポーツ財団から「SSFスポーツエイド」の助成金をいただき、国立代々木競技場第2体育館で開催し、第12回からは文部科学省の後援をいただいての開催となりました。

続く第13回、2001年の開催までは、この平和な活動が続いていました。その翌年の2002年には日本でインターナショナルの世界大会を開催するまで話は進んでいたのです。ところが、2001年の秋、アメリカで同時多発テロが起きました。

この衝撃的《しょうげきてき》な出来事により、私は日本からアメリカにチームを連れていく自信をなくしてしまいました。アメリカから審査員を招聘することにも不安があり、すべての「日米バトン交流事業」を断念することにしました。それにより、翌年からの大会審査員をNBTAから招けないという大きな問題が生じてしまったのです。

「日米交流バトンキャンプ」を開催《かいさい》。ワールドカップにも出場する

バトンフェスティバルをスタートさせてからの13年間は、大会のために審査員《しんさいん》招聘《しょうへい》を行い、本場アメリカの指導者による講習会を行ってきました。1993年からは、日本の選手を連れてアメリカにわたる企画《きかく》も加わりました。海外での「日米交流バトンキャンプ」を開催し、アメリカのトワラーたちとの交流を図ると同時に、バトンのワールドカップオープン戦への出場も同時に果たしてきたのです。

ワールドカップが開催されていたのは、アメリカ合衆国《がっしゅうこく》オハイオ州

にあるノートルダム大学です。大会の参加費はご招待のため無料でした。毎回アメリカでの合宿は10日間くらい、時差は14時間、フライト15時間。日本からは、小中高生がだいたい35名から60名、大人8名程度が参加しました。宿泊《しゅくはく》はオハイオ州のバトンチームのメンバー宅《たく》にホームステイさせていただいたり、公共の施設《しせつ》だったり。ときには大学の学生寮に泊《と》めていただいたこともありました。練習場までの往復は貸し切りバスを使います。

練習で注目したのは、バトントワラーのウォーミングアップだけの指導者、フィギュアエイトだけの指導者と、細かく専門化《せんもんか》されていた点です。アメリカは広くバトンが普及《ふきゅう》しており、層《そう》もかなり厚く、たくさんの方が指導に関わっているのだと感じました。

観光は帰国前日の1日のみ。カリフォルニアのディズニーランドかユニバーサルスタジオに行きます。ハワイ経由で帰国したときもあり、ハワイだけのキャンプの年もありました。

滞在中《たいざいちゅう》にわかったことの一つは、日本とアメリカの持ち物のちがいです。アメリカでは家の中と外で靴《くつ》をはきかえないので、結局、合宿中はバトンシューズのまま移動し、練習していました。バトンケースにシューズを入れる必要がないから、バトンだけを入れる細いバトンケースを使っている子どもが多いのです。

一方、日本の子どもたちはバトンとシューズをそれぞれ袋に入れ教本やペットボトル、タオルも別の袋に入れて持ち歩きます。子どもたちの負担が大きいと思い、帰国してからバトン・シューズ・教本・ペットボトル・タオルが入る大きさで、安価で軽くシンプル、なおかつ雨天対応の国産バトンケースの作製に取りかかりました。

この日米バトン交流は、通訳《つうやく》なしでした。自分でもよくやったと思います。若《わか》かったので、無謀《むぼう》な日程でも精力的に、毎年夏を乗り切れたのでしょう。滞在中は外部との対応に苦慮《くりょ》しましたが、ワールドカップオープンに参加したことで、日本にいてはとうてい学べないたくさんのことを学びました。大会の開催方法、審査《しんさ》方法、審査用紙、審査員と選手の立ち位置、集計方法とスタッフの動き、選手席、観客席のとり方、会場作り等々を参加者・引率側の立場から経験し、地元で参加している保護者の大会への思いを聞く機会もありました。

大会会場はノートルダム大学の体育館で、開催期間は約1週間。朝8時から終日2000人の選手が参加します。ワールドカップオープン戦なので世界中から集まっていましたが、日本人は私《わたし》たちだけでした。バスでこの静かな自然豊かな街に着いたとき、街のいたるところでバトントワラーが練習をしていたのにはおどろきました。

大学には3つの大きな体育館があり、競技種目により場所、ライン、ブロックに分かれます。大会エントリーから出場まで、各自が当日行います。主な競技種目は、ソロバトン・団体バトン・フラッグバトン・ストラット・ダンストワールバトン・フープバトン。競技種目ごとに、細かく年齢別《ねんれいべつ》に分けられています。競技時間、場所も細かく指定され、年齢別に分けられた選手は、一列に待機しライン上に並《なら》びます。そして、順番が来たら、いよいよ演技審査です。このとき、うっかりして並ぶラインをまちがえたら、競技に参加できません。

審査体制は、審査員1名、サブ1名。フロアーにはいくつものラインがあり、マーチの音楽が鳴りひびいています。このマーチに合わせて、選手たちは競技します。

演技審査は、選手たち自身が演技終了後に審査員から評価の書かれた審査用紙を受け取ります。受賞した場合は、指定された場所にスコアの入った審査用紙を出してトロフィーを受けとるという流れです。大会エントリーからすべて選手たちの自己責任《じこせきにん》。大変シンプルで、執行部《しっこうぶ》としてはこの大勢の参加者をまとめるには良い方法だと感じました。

当時、私は冷や汗《あせ》をかきながら、多くの日本人メンバーを各ラインに並ばせるのに一生懸命《いっしょうけんめい》でしたが、一人も残さず大会に出場させることができました。

会場には男子のトワラーも多く、5~8回転（高速スピンでキャッチする）のトスを何度も練習している姿《すがた》におどろきました。バトンを上に投げ上げて、その間に1回ターンするだけでも頭に当たるのではないかと不安に思うトワラーもいるのに、何回回っているかわからないほどの速さでターンしてキャッチするのはすごいことです。

ちなみにバトンは230グラム前後の金属製（炭素銅管《たんそどうかん》）の棒《ぼう》で、その両端《りょうはし》に固いゴムがついており、落ちてくるバトンをうまくキャッチすれば痛《いた》くもないのですが、はずして身体にぶつかると、やはりふつうは痛いです。
バトンは技術の積み重ねですが、幼児《ようじ》のかわいいトワラーも出場していて、ワールドカップの質の高さと人数におどろかされました。

日本の男子の選手は、最初はものおじしていましたが、競技が終わったあと、大勢の男子トワラーに囲まれ、フレンドリーに声をかけられていました。海外の男子トワラーたちが、「グッドジョブ!」と日本人男子の肩《かた》をたたいて拍手《はくしゅ》をしてくれたのです。順位を競う競技ですが、みんなで競技を楽しみ、たたえ合うステキなシーンがありました。これぞ、私たちの目指す競技の意味かと思います。

大会は、自らの日ごろの練習をテストするものであって、だれかと競い合うためではない。みんなを応援《おうえん》し、みんなで楽しみ、相手をたたえ、相手の失敗はいっしょに悔《くや》しがる。1位は最下位がいるから1位になれるんだよ、という意識。これが本来の青少年のスポーツ競技であり、スポーツの楽しさであると、私たちは子どもたちに伝えなければならないと思った瞬間《しゅんかん》です。ともすると、1位を取るためにはライバルを敵《てき》と呼び、隣《となり》は敵と呼《よ》びがちな大人の方も多いですが、子どもには、同じ競技を共に楽しむ仲間であると教えていきたいです。

このNBTA協会のワールドカップの審査用紙は「教育的な審査用紙」と明記されています。詳細《しょうさい》に点数化され、なぜ、その点数になるのか説明のつく、すばらしいものです。さらに、出場するグループ別の審査も、ワールドカップならではの工夫がされていることに感心しました。

たとえば、年齢別にグループ分けをして審査をする方法です。国ごとにレベル別練習カリキュラムが異《こと》なっているため、年齢別に審査をする方法がもっとも公平にできるということのようです。したがって、細かく区切った年齢別の受賞者がおり、受賞者へ記念品をわたす部屋には、おどろくほど多くのトロフィーが並《なら》んでいました。

ちなみに、「ワールドカップ1位」とよく報道されますが、これはあまりにも漠然《ばくぜん》とした表現です。どの協会の主催《しゅさい》で、どの種目で、どの年齢で1位であるという表現が正解です。

なお、このワールドカップで、他のスポーツのように競技審査のクラス分けができないのは、たぶんバトントワリングの成り立ちが起因《きいん》しているのでしょう。第2次世界大戦時、兵士の意識を高めるために楽隊が使われ、この楽隊の先頭に立つ指揮者《しきしゃ》（ドラムメジャー）の指揮棒《しきぼう》から、バトンが生まれたと聞いています。

戦争が終わり、冒頭《ぼうとう》で触《ふ》れた「棒を回す動物園のクマ」さながら、各国でバトンが少しずつ普及《ふきゅう》していく中で、各国で指導者が見よう見まねで指導を始めたため、世界共通のレベル別練習カリキュラムがないのです。そこでワールドカップならではの公平な審査基準方法として、年齢別のグループの審査になっているのだと思いました。

また、世界にはいくつかのバトンの協会があります。そのいくつかが共催して世界大会を開催することができないのは、各協会で審査基準が異なり、審査用紙を一つにまとめられないからかもしれません。

さて、ある年のワールドカップに参加したときのことです。参加希望された日本のチームをいっしょに連れていったのですが、その指導者の一人が「ホテルのじゅうたんのクリーニング代金を払《はら》わされた」と怒《おこ》っていました。選手がホテル内で練習をしていたところ、バトンが天井に当たり、跳ね返って顔に当たり、鼻血でじゅうたんを汚《よご》したとのこと。選手のためにじゅうたんのクリーニング代を払わされたことへの怒《いか》りの言葉でした。

しかし、指導者は選手にバトンを持たせて練習させる限り、練習場所の確保、選手の体力を鑑《かんが》みてリスクを回避《かいひ》することを考えるものだと思っています。ですが、それも知らない、わからない、承知《しょうち》していてもかまわず指導している。そうした方がバトンの指導者の中にいることをアメリカの地で知り、あらためて指導者が留意すべき指導上の注意点をまとめるきっかけになりました。行政からの要請《ようせい》ももちろんありますが、選手のけがや体調不良に備えて、行事には看護師《かんごし》さんに待機していただくことにしました。なおかつ、日ごろの練習時のけがや事故にも対応できるよう、指導者は救急救命士の勉強もするよう推進《すいしん》しています。

日本でのバトンの普及《ふきゅう》に力を入れるとき。米同時多発テロがターニングポイント

2001年の夏まで日米交流事業を行いましたが、同時多発テロにより今までのような平和な時代は終わったように感じ、子どもたちをアメリカに連れていく自信がなくなってしまいました。そして翌年《よくねん》の大会に、審査員《しんさいん》をアメリカNBTA協会から招けないという大きな問題が生じたことは、先にお話しした通りです。

初心《しょしん》に立ち返ると、今まで世界最大の「NBTA協会」では実践《じっせん》で学び、「USTA協会」では技術書の本で学びました。しかし、そのほか

にいくつもの協会が世界には存在《そんざい》しています。ということは、当然、審査用紙（方法）はそれぞれ異《こと》なっているでしょう。これでは世界は一つにまとまれないのではないかと考えたのです。そして、世界は常に平和ではないこと、そのため公平に平等に競い合えないのではないか、将来《しょうらい》的にバトントワリングはオリンピック種目にはなりえないのではないか、とも感じました。それなら今までの経験から、日本独自の審査用紙を作り大会を開催《かいさい》していこうと思いついたのです。

ＮＢＴＡ協会の審査用紙はすばらしいのですが、学校バトンの指導が主なので、身体能力や危険《きけん》度を競う種目や「タンブリング」は危険とされ禁止事項《じこう》になっています。しかし、日本の選手のバトンのレベルは年々上がり、日本の子どもたちはその「タンブリング」をやりたがる流れがあります。日本で大会を開催するなら、それも織《お》りこんだ「ジャパンオープン」の審査用紙を作るしかないと思いました。

また、私《わたし》には1992年に制作した文部省（当時）選定ビデオ教材がありました。これには身体能力に応じた練習をし、そのレベルによってけがにつながらないように指導する手順が収録《しゅうろく》されていますから、それにしたがいレベルごとの審査をすれば、大会中のけがも回避《かいひ》できると思いました。

文部省選定ビデオ教材の制作《せいさく》から日本独自の審査《しんさ》用紙の作成まで

そのビデオ教材は、夏の大会前に埼玉県で行った2泊《はく》3日の合宿中に作ったものです。協会の指導者と子どもたちが全員参加し、練習会場と隣《とな》り合った撮影所《さつえいじょ》に交代で入り、プロの撮影部隊とすばらしいスタジオで作りました。でき上がってホッとしているとき、新聞で「文部省選定ビデオ教材」についての記事を見かけ、発刊前に申請《しんせい》を出すようにという注意書きがあったので、ちょうど良いと刊行前に申請したのです。審《しん》査《さ》に通るのはかなり難《むずか》しいと後で知りましたが、1992年に制作したこの『バトントワリング・ポンポン』というビデオ教材は、文部省選定ビデオ教材に見事認定《にんてい》され刊行することができました。

このビデオ教材と本の出版があるので、審査用紙の縦《たて》の流れはできました。ですが、NBTA協会では禁止事項《じこう》であったタンブリングについて、けがをしないで、その子その子に合った身体づくりをする必要があります。そのために競技体操《たいそう》から学ばなければならないと、日本体育協会に相談し、体操と新体操の指導者を紹介《しょうかい》していただきました。どのように危険《きけん》なのかを、体操という観点から知ることで、危険を回避《かいひ》できると考えたのです。そして2002年の夏合宿からタンブリングの練習を始め、5人の体操指導者には「飛び」、2人の新体操の指導者には「イリュージョン」の指導をあおぎ、だれでも参加できる講習会を開催《かいさい》しました。この体操合宿は2019年のコロナ禍《か》で合宿ができなくなった年まで続きました。

審査用紙は日本語表記ではなく英語の表記としました。何で英語と思われる方もいらっしゃるかもしれませんが、バトンの技は英語表記で統一されており、日本語に訳《やく》すと長い説明が必要になるのです。たとえば、日本ではよく「笑顔で、笑顔よ」と注意してしまうかと思いますが、NBTAとUSTAの2大審査用紙には、ポンポン競技の小さい項目の一つに「スマイル」があるだけです。ただ、バトン種目に「ショーマンシップ・プレゼンテーション」「フェイシャルエクスプレッション」といった、意気ごみ・意欲《いよく》などと日本語で表現できない広範囲《こうはんい》な意味を持つ英語が記載《きさい》されています。辞書を引けばわかる英語なので、英語で問題ないと判断し、ジャパンオープンの審査用紙はすべて英語で作りました。

審査用紙は、縦のカテゴリーに横の技術を組み合わせ、各項目《こうもく》に小計を入れ、その合計からいくつかのペナルティの小計を差し引くという、じつにシンプルかつわかりやすいものです。さらに各ジャンルをレベルごとに点数化し、競技レベルが上がったときには手直ししやすいようにしました。

現在は全国大会前の後援名義《こうえんめいぎ》申請時にスポーツ省に審査用紙を提出し、後援名義の承認《しょうにん》を得たうえで審査用紙を使用しています。1位から2位、3位まではだいたいバトン関係者なら演技を見れば決められますが、8位までの順位をつけるには点数化しないとできません。そしてその点数にした理由を、文章にするのではなく、技術の箇所《かしょ》にまとめた「良かった箇所」に「✓」を入れ、「もっと練習を」の場合「○」を記入する形にしています。また、経験を積んだ指導者なら審査ができるように講習会を開き、公認審査員になるまでは助手として審査に立ち会ってもらうようにしました。

翌《よく》2002年、「青少年バトントワリング選手権《せんしゅけん》大会&講習会」は「第14回全日本バトン選手権大会」と名称《めいしょう》を変更《へんこう》し、文部科学省、東京都、毎日新聞社のご後援《こうえん》を受けて、国立代々木競技場第二体育館で開催する運びとなりました。

東日本大震災《しんさい》で迫られた選択。大会開催《かいさい》で支援《しえん》の輪が広がって

その10年後の２０１１年3月11日に起きた東日本大震災は、協会の存《そん》在《ざい》意義を明確にする出来事となりました。

ちょうど「第22回全日本バトン選手権《せんしゅけん》大会」の準備に入っていたころに発生し、都内でも揺《ゆ》れはひどく、立っていられないほどでした。福島の指導者とチームのメンバーは、福島第一原子力発電所の事故により、一瞬《いっしゅん》にして日常が奪《うば》われ、バトンをやるどころではありません。その日から避難所《ひなんじょ》を転々とする生活になってしまい、チームはもちろん解散。

転居先では、いやがらせを受けたりしたと聞きます。福島だけでなく、東北地方のサークルも同様でした。現地では飲み水もままならない状況《じょう》で、このような大震災の年の夏にバトンの大会を開催して良いのかと、迷いに迷いました。

個人的に支援物資を送るだけでは何の役にも立たない、私《わたし》たちみんなの力で何かできないか、そのためにはどうしたら良いかを考えました。大会を中止することは「慎《つつし》む」という意味で理由はつくのですが、私はむしろ、開催することで支援の輪が作れたらと思いました。

私たちは2002年、特定非営利活動法人に認定《にんてい》され、収益《しゅうえき》事業になるようには予算を立てていません。収益を得るには、スタッフの謝礼《しゃれい》を低くし、弁当代をけずり、それでも微々《びび》たるもので、長い支援ができるようにするにはどうしたら良いかと考えました。そこで、義援金《ぎえんきん》を募《つの》るためにペットボトルホルダーを作って販売《はんばい》しました。さらに5年後には、被災地《ひさいち》への思いが風化《ふうか》してしまわないよう、記憶《きおく》が薄《うす》れてしまっている方々も思い出すきっかけにしようと「バトンキューピーストラップ」も作りました。

協会主催《しゅさい》行事の「全日本バトン選手権大会」「バトンフェスティバル」の2行事でも寄付金を募り、収益全額を公益財団法人毎日新聞東京社会事業団に寄託《きたく》し赤十字に寄付させていただいています。社会貢献《こうけん》と言えるほどではない金額かと存《ぞん》じますが、参加者関係者のお志《こころざし》で長く支援を続けさせていただいているということは、協会の存在価値《そんざいかち》に大きな意義があると感謝しています。

NPO法人を設立し、各地の仲間とバトンの楽しさを広めていく

特定非営利活動法人——NPOというほうが、なじみがあるかもしれません。振《ふ》り返ってみると、私《わたし》が1982年に設立した「バトン普及《ふきゅう》会」は、民間の単なる任意団体でした。法人格《ほうじんかく》でないため、いつつぶれてもおかしくない団体と思われ、社会的に信用がなく、銀行口座《こうざ》も開設できなかったのです。私たちの活動を説明するためには、たくさんの資料を持ち、経歴を示し、さまざまを説明しないとわかってもらえない団体でした。

国内でバトンを広く認知《にんち》してもらうためにも活動組織を見直し、どうしたら良いか考えました。それには法人格を取得するしかない、と思ったものの、法人格取得には高額な資金と人と箱物《はこもの》が必要です。資金が先か、人を集めるのが先か。しかし、当時の状況《じょうきょう》ではどちらも不可能で、とうてい法人格の取得などできないとあきらめていました。

そんなとき、NPO法が1998年に施行《しこう》されたと知りました。「いったいこれは何だ」と小さな新聞記事を食い入るように読むと、非営利活動法人の団体は、一定の条件が整えば法人格が得られるということでした。とうていできないと思っていた「法人化への重い巨大《きょだい》な扉《とびら》」が開いた思いで、これなら今やっていることがそのまま法人になる、と飛びつき、書類の作成に入りました。

家と東京都の往復で、役所の方に何度もアドバイスをいただきながら、「ワープロ」で定款《ていかん》を作り、手紙や電話でやり取りし、組織を築くことからスタート。2002年に、NPO法人の設立を果たすことができました。

設立までに都庁《とちょう》で出会った団体さんは、たいてい複数の男性が数名で申請《しんせい》に訪《おとず》れており、私のように女一人で訪れるのはめずらしかったようです。

余談《よだん》になりますが、めずらしいといえば、現東京都庁の落成式が1991年3月に行われ、その式典の招待状が私宛《あて》に届《とど》きました。行ってみると、会場にはブラックスーツの年配の方ばかり。「お嬢《じょう》ちゃんは、何をされて招かれているの？」と聞かれました。マス酒をいただき、バイでしょう。

キングを前に一人でウキウキしていた姿《すがた》を見て、何か不思議に思ったの

「何でこちらに来ているの？」と不思議がられたことがもう一つありました。それは２０１０年「上海万博日中交流事業」で杭州《こうしゅう》市に行っているとき、ホテルのエレベーターの中で日本人のブラックスーツのバリッとした年配の方から声をかけられました。

どちらのころも無茶苦茶で若《わか》さゆえの怖《こわ》いものなしだったから、できたことだったのでしょう。日本の女性が一人で仕事をすることや、女性が表に出ていること自体がまだまだめずらしい時代だったと思います。今では、「まだ仕事しているの？」と不思議がられてしまいますが、いつの世も女性は目を引くのかしら、と都合《つごう》の良いように解釈《かいしゃく》しています。

法人設立の作業で困難《こんなん》だったことは、組織の「定款」です。行政の書面の書き方は学べばできますが、定款は組織の活動範囲《はんい》を決める大きな意義を持っています。行政や銀行をはじめとする社会からは、定款に沿《そ》って活動しているかが問われ、反対に定款に沿っていれば安心して活動できるのです。それだけに、重い決め事でした。

入念《にゅうねん》に確認訂正《かくにんていせい》作業をしながらでしたが、それも無事終了《しゅうりょう》し、次は法務局《ほうむきょく》に行って登記《とうき》作業です。一般的《いっぱんてき》には行政書士《ぎょうせいしょし》がやる仕事だったようですが、それすら知らずに登記の作業を始めていました。赤ペンで訂《てい》正《せい》、印鑑《いんかん》、印鑑のくり返しで、登記簿《とうきぼ》が赤まみれになってしまいましたが、法務局の職員さんがやさしく指導をしてくださり、ようやく「特定非営利活動法人日本バトントワリング協会」の登記ができ上がり、同時多発テロの翌年《よくねん》2002年に届を出すことができました。

こうして協会組織ができたのですが、さらに足元を見ると、できていなかったことがありました。地元自治体の体育協会にバトン・チアの種目を入れることです。

この活動を進めるために、1998年から団体の「活動報告・収支《しゅうし》報告・次年度計画・予算書」を毎年提出することにしました。しかし、何年たっても「加盟申請書《かめいしんせいしょ》」を提出する段階《だんかい》に進みません。体育協会の会議の議題にも載《の》っていないのではないかと疑《うたが》うほど待ちました。しつこく電話で問い合わせると、「上から降りてくる金額が決まっているんだから、新たな競技種目が加盟することはできない」と、おどろくべき回答をされてしまいました。いわゆる旧態依然《きゅうたいいぜん》（失礼）の体育協会で、まったく話にもならない状態が18年間も続いたのです。

２０１６年4月に、主人が理事長となって協力してくれることになり、急に話が進み、区の体育協会に「バトン・チア」の競技種目を入れていただけるという話になったのです。主幹は、「バトン・チア連盟」として「バトン・チア」の種目加盟ができました。

この「バトン・チア連盟」の母体は「ＮＰＯ法人日本バトントワリング協会」です。ただ、地域《ちいき》では「バトン・チア・ポンポン」を同じメンバーが練習している場合が多く、チアの種目もないため、活動しているメンバーが加盟しやすいように「バトン・チア連盟」と広義な意味での名称《めいしょう》としました。「私が生きている間に体育協会には加盟できない」と思っていましたが、ようやく地元で設立することができました。

体育協会での連盟理事長も、特定非営利活動法人の理事長職も、非営利活動の中での業務は同じです。それまで私のやることには黙《だま》って見守ってくれていた主人は、この職がどんなに多岐《たき》にわたり、日々の作業が多く、しかも重責《じゅうせき》であり、無償《むしょう》であることもすべて承知《しょうち》したうえで受けてくれました。今では体育協会の中の、さらに重責の常務理事まで託《たく》されるようになりました。

この体育協会加盟活動はほかの自治体へも広がり、各地の大会の1競技種目として、正式に「バトン・チア」が認知《にんち》され、公《おおやけ》に活動しています。

特定非営利活動日本バトントワリング協会は、設立から20年がたち、「バトンの楽しさを伝える活動」の仲間も増えました。みんな同じ志で活動しているので、単なる営利法人と比べると社会に生かされて活動しているのを実感します。また、各会員が安心して活動できますから、長期にわたって関わっていただく中で横の広がりも生まれ、各地に良き仲間がおります。

上海万博に向けて訪中《ほうちゅう》する際、日本中から選手を募《つの》り、日本代表として選手団を作りました。これが、協会の代表選手のスタートになりました。この日本代表選手チームは、現在は14期生。全国大会ではライバルとなりますが、良き仲間でもあります。競い合う中で目標が生まれ、いざ大きな行事を協会で受けたときはいっせいにチームとなる。そんな代表選手が全国に育ってきて、頼《たの》もしい限りです。

毎年、体育の日に東京体育館で開催《かいさい》されていたスポーツイベント「東京スポーツドリーム」で、五輪選手が大勢参加されている中、2015年、オープニングセレモニーに協会代表メンバーが出演し、演技を披露《ひろう》しました。この代表選手の演技前に、五輪選手たちから「君たちはどんなバトンのチーム?」と聞かれて、「私たちは特定非営利活動法人日本バトントワリング協会の選手です」と、高校生が答えたところ、「それじゃ僕《ぼく》たちと同じだね」と言ってくれたのです。バトントワリングはもちろん五輪種目ではないですが、同じスポーツを愛する「日本のバトンの選手」と思ってくれたのは、そばで聞いていて誇《ほこ》らしく、とてもうれしかったです。

そもそも特定非営利活動（NPO）法人とは、今までの経験を活《い》かし社会の役に立ちたいという団体です。福祉《ふくし》の分野《ぶんや》以外に、私たちのようなスポーツ振興《しんこう》を図る活動の団体が3割《わり》程度存在《そんざい》し、行政が対応しきれないサービスを提供《ていきょう》します。社会において果たしている「ボランタリー経済《けいざい》の受け皿」となっていることで、役割《やくわり》は大きいといわれています。これからは学校の部活動で果たす役割が大きくなることでしょう。

一般的に財政基盤《ざいせいきばん》が弱いといわれますが、身の丈《たけ》の活動をしているので、ほとんどの団体は黒字決算と聞いています。しかし、代表者の半数はほかの職業との兼務《けんむ》が多く、その兼務の半数は個人事業主だといわれています。

スポーツを現役《げんえき》で一生できるわけでもなく、指導者となっても、いずれはそれもできなくなるでしょう。そのとき、経験を活かして後輩《こうはい》に何を伝え、残せるのでしょう。

年齢《ねんれい》を気にせず、好きなスポーツで社会とつながっていられる。営利活動をする必要もなく、自由に広く活動できる。勝ち負けだけではなく、生涯スポーツとして楽しむ。そんな組織が、このＮＰＯ法人であり、体育協会の活動ではないかと思っています。

ここまでバトントワリングの活動をお話ししてきましたが、私自身、家庭を切り盛《も》りする主婦でもあります。特に経済面《けいざいめん》では、毎年の渡米費用や教材制作もあり、「お米の数を数えて暮《く》らしていた」と表現するほ代《じゅく》ど、途方《とほう》に暮れた時期もありました。子どもの将来《しょうらい》を考え、3人の塾を捻出《ねんしゅつ》するのもままならないとき、それならいっそのこと自分でと、28年前に塾を開きました。「NPO法人の代表者の半数が兼業《けんぎょう》をし、その半数は個人事業主との兼業である」、ご多分に漏《も》れず、私もその一人となっていたのです。

塾では数学・英語・国語のそれぞれ高校科目までの指導のほか、外国人のための日本語を指導しています。さらに、この外国人の指導のために、時間を作って中国語とフランス語の勉強をしています。こうして日々、バトンの指導をし、机上《きじょう》ではNPO法人の作業と塾の指導に明け暮れています。

「何がそんなにおもしろいの？」と聞かれるときがありますが、私は子どもたちを指導しながら「できた」「わかった」の笑顔を見るのがとてもうれしく、楽しいのです。スポーツでも勉強でも、前に進んでいく子どもたちの姿《すがた》を陰《かげ》ながら応援《おうえん》するのが私の仕事であり、さらに「子どもたちの笑顔を増やすにはどうしたら良いか」を考えることが私の仕事ではないかと思います。

「第30回バトンフェスティバル」のプログラムに、参加者から35字の「第30回記念コメント」を集めて掲載《けいさい》しました。２１４人のコメントの中で、締《し》めくくりの言葉に「楽しい」が１０１人、「がんばる」が58人、内容に「仲間・チーム・友達」の文字があったのは75人、「大会・行事・技術」が41人。どれも力作でしたが、その中で心に残っているコメントをいくつか紹介させていただきます。

「バトンを始めてダラダラとしている時間が減りました」（小4）
「練習した努力は裏切《うらぎ》らないことをバトンで実感できています」（中1）
「うれしい気持ちは宝物《たからもの》」（小4）
「普段《ふだん》できなかったことがあってもあきらめずにがんばろうと思えるようになれました」（小4）
「自分が一番楽しめる場所だと思っています」（高1）

私はたくさんのコメントから「力」をもらいました。今までの活動を守りながら、さらに前に進め、今後もより良い「場」と「機会」を提《てい》供《きょう》していかなければと思っています。

コロナ禍《か》、ロシア軍事侵攻《しんこう》……
子どもたちの未来を〝応援《おうえん》〟するために

ここまで順調に進んできた活動、そして生活さえも一変させたのは、新型コロナウイルスの感染拡大《かんせんかくだい》です。２０２０年3月1日には緊急事態宣言《きんきゅうじたいせんげん》が出され、学校も長期にわたりお休みになってしまいました。世界の報道では終日、新型コロナウイルスの感染者人数、死者数の発表に一喜一憂《いっきいちゆう》する日々となり、２０２２年4月になっても未《いま》だにマスクは手放せず、フェイスシールドという初めて聞く物が現れました。ワクチンができても、ウイルスの突然変異株《とつぜんへんいかぶ》の出現に対応し、新たに接種が必要となります。

バトンの活動もまったくできず、学校の体育館はまったく使えません。協会は「ビデオ教材」「教本」を特別価格で頒布《はんぷ》し、各自の練習はできるようにしたのですが、大会、フェスティバルの開催《かいさい》には賛否両論《さんぴりょうろん》もありました。

しかし、参加者数を体育館の利用範囲《はんい》の半数に設定し、時間も短縮《たんしゅく》。競技数を減らし、マスクとマスクケース、フェイスシールドを全員に配布しました。無観客にして、看護師《かんごし》2名のほかに感染対策《かんせんたいさく》人員を増やし、作業動線《どうせん》を決め、参加されるすべての方の連絡先《れんらくさき》をいただき、1か月保管。こうして、夏冬の大きな行事を感染させることなく無事開催することができました。運営は大変でしたが、子どもたちの活動の歩みを止めなかったことが今につながっていると感じています。

２０２１年7月から開催された東京オリンピック・パラリンピック競技大会の応援《おうえん》イベントには、２０１6年から準備を重ね、２０２０年から打ち合わせもしていました。２０２１年8月にようやく日比谷公園の音楽堂にてビデオでの撮影《さつえい》となり、出演者の人数制限がありましたので、当協会の代表選手16名が演技をさせていただきました。

一つの目標としていた大きな行事に参加することができ、その後、オリンピック・パラリンピック競技大会組織委員会の橋本聖子《はしもとせいこ》会長から大きな感謝状をいただきました。

日本中が、このコロナ禍《か》で日常が取りもどせなかった２０２２年2月

24日、今度はロシアによるウクライナ軍事侵攻《しんこう》が行われ、世界はさらに暗い時代に入ってしまったようです。武器に勝つものは武器しかないのでしょうか。この世界は何度も何度も同じ過ちを犯《おか》しつづけ、最後は人類が人類を滅《ほろ》ぼすまでくり返すのでしょうか。

１９９５年1月17日の阪神淡路大震災《はんしんあわじだいしんさい》、１９９５年3月20日のオウム真理教による地下鉄サリン事件、２００１年に同時多発テロ、２０１１年に東日本大震災、２０２０年新型コロナ感染症《かんせんしょう》、２０２２年のロシア侵攻……。今後、大きな地震に警戒《けいかい》し、環境《かんきょう》を考えながら生活していくことが必要な時代に子どもたちは巻《ま》きこまれてしまうのでしょうか。

私《わたし》たち大人は今考えるべき時ではないでしょうか。子どもたちもいつまで子どもではありません。自ら考え、学び、経験を積み、平穏《へいおん》な未来を作るのは自分たちだと考えられるように、大人が環境を整え、子どもたちの応援をして、自分の生活を守りながら前に進むべきだと思います。

２０２３年夏、コロナ感染規制緩和《かんわ》に伴《ともな》い、この３年間の閉塞《へいそく》感と緊《きん》張《ちょう》感、硬直《こうちょく》感、孤独《こどく》感が一挙に取り払《はら》われて、良くなったこともちろんたくさんあります。しかし実際、子どもにとって良いことばかりではないと思います。親が急に仕事に出て昼間はいなくなり、学校では黙《もく》食《しょく》から解放されましたが、少子化による少ないクラスメイトの中で、「初めまして」で友達作りに苦慮《くりょ》している子どももいるでしょう。３年の間にできてしまった学力格差、子どもにとり社会の渦《うず》に巻きこまれ、かと言って親や先生にうまく伝えられない、伝えたら親が悲しむ等々、たくさんの思いがあるのではないかと案じます。

バトン・チア・学習の経験から伝えられることは「子どもには文武《ぶんぶ》両道《りょうどう》をさせる」「長く続けられるスポーツをとおして仲間を作る」ということです。学習は親にとっての仕事と同じだから学ぶことは当然と子どもに教え、スポーツの仲間である保護者たちが子どもたちに愛情を注ぎ、5年10年15年……と世代《せだい》を超《こ》えてくり返していけば、大きなステキな社会ができるのではないでしょうか。

今こそ、私は応援団のリーダー部に代わって世界中の子どもたちにエールを送ります。

「げんきでーー」

著者プロフィール

SaToko（サトコ）

NPO法人日本バトントワリング協会理事長。東京都出身。大学時代、第1回全日本ソロバトン競技(日比谷公会堂にて)大学の部で入賞。1982年、東京六大学応援団バトン部OG有志により、NPO法人日本バトントワリング協会の前身「バトン・チア普及会」を結成。以後、全国講習会、全国大会、バトンフェスティバル、代表選手・指導者・審査員の育成の事業を行う。現在も現役指導員として、子どもたちの指導にあたる。

【既刊本・ビデオ】
『バトントワリング』（1984年 遊戯社）
『How to Baton Twirling』（2014年 遊戯社）
文部省選定ビデオ教材「バトントワリング＆チアリーデング」（1992年）

Baton Twirling in My Life

バトントワリングと共に歩んだ人生の記録

2023年12月15日　初版第1刷発行

著　者　SaToko
発行者　瓜谷 綱延
発行所　株式会社文芸社
〒160-0022　東京都新宿区新宿1－10－1
電話　03-5369-3060（代表）
03-5369-2299（販売）

印刷所　図書印刷株式会社

ISBN978-4-286-24467-9　　JASRAC 出 2306269－301